Bibliografische Information der Deutschen Nationalbibliothek:

Die Deutsche Bibliothek verzeichnet diese Publikation in der Deutschen National-
bibliografie; detaillierte bibliografische Daten sind im Internet über http://dnb.d-
nb.de/ abrufbar.

Impressum:

Copyright © 2019 GRIN Verlag
Druck und Bindung: Books on Demand GmbH, Norderstedt Germany
ISBN: 9783346013385

Dieses Buch bei GRIN:

https://www.grin.com/document/496492

Sarah Ernst

Digitale Währungssysteme im B2C-Handel

Kryptowährungen für Deutschland

GRIN Verlag

GRIN - Your knowledge has value

Der GRIN Verlag publiziert seit 1998 wissenschaftliche Arbeiten von Studenten, Hochschullehrern und anderen Akademikern als eBook und gedrucktes Buch. Die Verlagswebsite www.grin.com ist die ideale Plattform zur Veröffentlichung von Hausarbeiten, Abschlussarbeiten, wissenschaftlichen Aufsätzen, Dissertationen und Fachbüchern.

Besuchen Sie uns im Internet:

http://www.grin.com/

http://www.facebook.com/grincom

http://www.twitter.com/grin_com

NBS Northern Business School
Wirtschaftsinformatik
Wintersemester 2018/2019

Digitale Währungssysteme im B2C-Handel

S. Ernst

Inhalt

Abbildungsverzeichnis

1. Einleitung

1.1. Problemstellung

Viele Länder dieser Welt steigen nach und nach auf bargeldloses Bezahlen um. Schweden weist den Weg, denn sie haben weltweit den niedrigsten Anteil an Bargeld. Selbst kleinste Beträge können mittlerweile bargeldlos bezahlt werden – egal ob beim Bäcker oder auf dem Flohmarkt. Das ist sehr praktisch, birgt aber auch Risiken in sich. Die Abhängigkeit vom privaten Bankensektor steigt und das behagt nicht allen Bürgern. Das sogenannte Buchgeld auf dem Girokonto kann verloren gehen, wenn die Bank pleitegeht. Die Bürger Griechenlands mussten das schmerzhaft erfahren, als die Bankabhebungen 2015 massiv eingeschränkt wurden, um einen vollständigen Zusammenbruch des griechischen Bankensektors zu verhindern. Venezuela, welches momentan in einer Wirtschaftskrise steckt, hat sich deshalb für eine Alternative zum normalen Geld entschieden. Mit dem Petro, einer digitalen Währung und weiteren Konzepten neuer Währungssysteme versucht das Land ihre wirtschaftlichen Probleme zu verbessern. Aber würde sich eine digitale Währung auch für die alltäglichen Geschäfte in Deutschland eignen?

1.2. Gang der Untersuchung

Ziel dieser wissenschaftlichen Arbeit ist es herauszukristallisieren, welche digitale Währung sich für den Business-to-Customer (B2C) Handel in der Stadt eignen würde. Einleitend dazu werden digitale Währungssysteme näher definiert und vom momentanen Währungssystem abgegrenzt. Danach wird die Blockchain-Technologie, die Grundlage für die digitalen Währungssysteme ist, erklärt. Zur Beantwortung der Leitfrage werden die aktuell meistgenutzten und bekanntesten Kryptowährungen vorgestellt und ihre Eigenschaften herausgestellt. Im darauffolgenden Teil werden die sicherheitsrelevanten Fragen beleuchtet. Dann werden die Chancen und Risiken von Kryptowährungen gegenübergestellt und auf die Verbreitungsmöglichkeiten in der Stadt geguckt. In der Schlussbetrachtung werden die Ergebnisse anschließen zusammengefasst und es wird ein Ausblick für die nähere Zukunft getroffen.

2. Digitale Währungssysteme

2.1. Merkmale von digitalen Währungssystemen

Damit ein Währungssystem funktioniert, darf der Geldbestand nicht manipulierbar sein. Um dies zu garantieren werden Geldbestände seit vielen tausend Jahren zentralisiert über eine dritte neutrale Partei verwaltet.[1] Mit der Entwicklung des Internets in den 90er

---

[1] Vgl. Halaburda, Hanna / Sarvary, Miklos: Beyond Bitcoin. The Economics of Digital Currencies, 1. Auflage, London 2016, S. 100 f.

Jahren wurden viele Wege kreiert Geld auch digital, als virtuelles Zahlungsmittel zu verwenden.[2] Um den Transfer von Geld direkt von Computer zu Computer, bzw. von Person zu Person zu ermöglichen, ohne eine dritte Kontrollinstanz, veröffentlichte eine bislang noch unbekannte Person oder Gruppe unter dem Pseudonym Satoshi Nakamoto, 2008 die dezentralen Peer-to-Peer-Systeme (P2P). Mit dieser Erfindung wurde der Grundstein für funktionierende digitale Währungssysteme gelegt.[3] Anders als bisher ist damit die Bezahlung über eine rein digitale Währung möglich, die nicht im normalen Geldkreislauf der Banken existiert.[4] In Deutschland sind die digitalen Währungen auch als Kryptowährungen bekannt. Ziel der digitalen Währungssysteme ist es unter anderem günstigere Transaktionskosten für Internetgeschäfte zu bieten, insbesondere bei der Überweisung von geringen Summen.[5]

2.2. Blockchain-Technologie

Im Hintergrund einer funktionierenden Kryptowährung ist die sogenannte Blockchain-Technologie. Diese Technologie ist aber nicht nur für finanzielle Transaktionen anwendbar, sondern zum Beispiel auch für gesicherte Dokumente. Im Grunde ist eine Blockchain eine weltweit nutzbare, kryptografisch geschützte Datenbank, die für Peer-to-Peer-Systeme genutzt werden kann. Jede Veränderung, bzw. neue Transaktion wir Block für Block an die Blockchain angefügt, weshalb sie zu einer immer länger werdenden Kette von Blöcken wird. Die komplette Historie der Blockchain wird dabei in chronologischer Reihenfolge gespeichert. Um einen aktuellen Kontostand einer Kryptowährung ablesen zu können, muss daher die vollständige Transaktionshistorie rekonstruiert werden.[6] Im englischsprachigen Raum bezeichnet man die Blockchain deshalb auch treffend als „Distributed Ledger", also ein „verteiltes Hauptbuch".[7]

Die Daten der Blockchain werden hierbei dezentral im Peer-to-Peer-Netzwerk gespeichert und sind somit unabhängig von einer dritten Kontrollinstanz. Jeder Teilnehmer im P2P-Netzwerk kann auf die komplette Blockchain zugreifen und verfügt über das Recht neue Blöcke hinzufügen.[8] Vorteil bei dieser Vorgehensweise ist, dass die Datenbank vor technischen Ausfällen oder einseitiger Manipulation geschützt ist.[9]

---

[2] Vgl. Clement, Reiner / Schreiber, Dirk: Internet-Ökonomie. Grundlagen und Fallbeispiele der vernetzten Wirtschaft, 3. Auflage, Heidelberg 2016, S. 328 f.
[3] Vgl. Halaburda / Sarvary (2016) S.100 f. und
Vgl. Rosenberger, Patrick: Bitcoin und Blockchain. Vom Scheitern einer Ideologie und dem Erfolg einer revolutionären Technik, 1. Auflage, Münster 2018, S. 9
[4] Vgl. Peyrl, Reingard: Digitale Währungen - Zahlungsmittel der Zukunft?, 1. Auflage, Linz 2015, S. 2
[5] Vgl. Halaburda / Sarvary (2016) S. 97 f.
[6] Vgl. BitFury Group / Garzik, Jeff: Public versus Private Blockchains. Part 1: Permissioned Blockchains, 1. Auflage, o. O. 2015, S. 6
[7] Vgl. Swanson, Tim: Consensus-as-a-service: a brief report on the emergence of permissioned, distributed ledger systems, 1. Auflage, o. O. 2015, S. 21 f.
[8] Vgl. Nakamoto, Satoshi: Bitcoin. A Peer-to-Peer Electronic Cash System, 1. Auflage, o. O. 2008, S. 4
[9] Vgl. Roßbach, Peter Blockchain-Technologien und ihre Implikationen - Teil 1 Was verbirgt sich hinter der Blockchain-Technologie, 1. Auflage, o. O. 2016, S. 3 f.

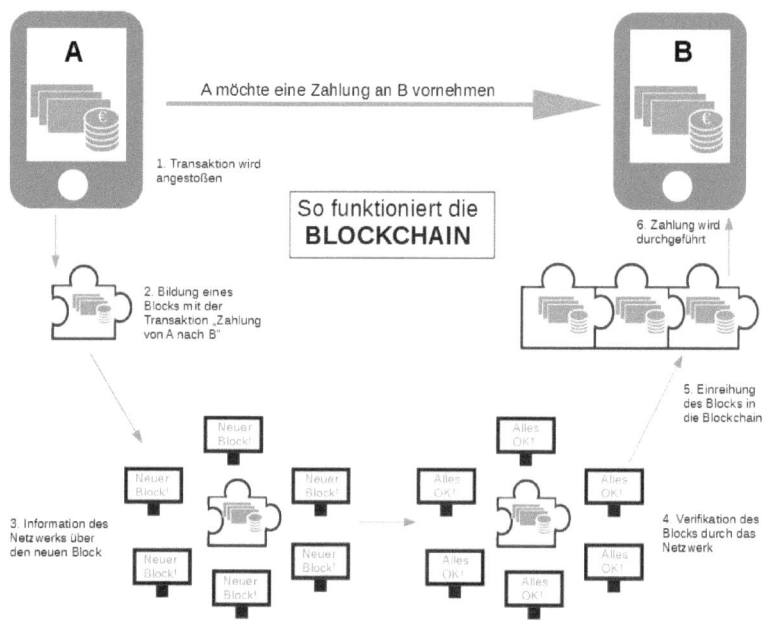

Abbildung 1: Funktionsweise einer Blockchain [10]

2.3. Beispiele für Kryptowährungen

2.3.1. Bitcoin

Die bekannteste aller Kryptowährungen ist aktuell der Bitcoin. Erfunden wurde dieser von Satoshi Nakamoto, dem Gründer der P2P-Systeme. Zu seinen Ehren wird die kleinste Einheit eines Bitcoins auch Satoshi genannt. Umgerechnet sind 100 Millionen Satoshis ein Bitcoin.[11] In den ersten Jahren waren Bitcoins lediglich bei wenigen Kryptografie-interessierten Gruppen bekannt. Er rückte wahrscheinlich erst Mitte 2011 in den Fokus der Öffentlichkeit, als die Enthüllungsplattform WikiLeaks dazu aufrief Bitcoins für Spenden zu nutzen, da ihre sonstigen Konten gesperrt wurden. Im Jahr 2013 machten die Bitcoins die nächsten Schlagzeilen, als der Wechselkurs rasant von unter $ 15 auf über $ 1.200 bis Ende November anstieg.[12]

Das Bitcoin-System besteht aus drei Elementen, die *Nutzer*, die *Blockchain* und die *Miner*, die wechselseitig miteinander verknüpft sind. Die *Nutzer* besitzen die Bitcoins und nutzen diese für Ihre Transaktionen. Voraussetzung hierfür ist ein Computer mit

---

[10] Abbildung 1, auf: https://innovationsblog.dzbank.de /wp-content/uploads/2017/09/blockchain1.png, 16.02.2019 um 16:40 Uhr
[11] Vgl. Halaburda / Sarvary (2016) S. 97 f. und Rosenberger (2018) S. 9
[12] Vgl. Halaburda / Sarvary (2016) S. 98

Internetzugang, auf dem ein Bitcoin-Programm installiert ist. Darin enthalten ist das so-genannte Wallet (Bitcoin-Konto), welches vergleichbar wie ein Portmonee zur Aufbe-wahrung der Bitcoins dient. Geschützt wird dieses durch einen privaten Schlüssel - ähn-lich einem PIN oder Passwort. Die *Blockchain* bildet in verketteten Blöcken die Transak-tionshistorie ab und zeigt den Bitcoin-Kontostand der Nutzer an. Die *Miner* (dt. Bergmän-ner) schürfen im übertragenen Sinne neue Bitcoins, indem sie für die *Nutzer* und die *Blockchain* arbeiten. Sie kontrollieren die Transaktionen und erstellen neue Blöcke für die Blockchain. Hierfür wird eine enorme Rechenleistung der Mining-Computer benötigt. Ein einzelner Computer kann diese Rechenaufgabe innerhalb weniger Stunden erledi-gen, oder aber auch mehrere Wochen benötigen. Da weltweit tausende Computer gleichzeitig an einer Rechenaufgabe arbeiten, wird die Lösung meist in einer überschau-baren Zeit gefunden. Die Belohnung, in Form von Bitcoins, geht danach an den *Miner*, der die Rechenaufgabe gelöst hat.[13]

Maximal sollten 21 Millionen Bitcoins verfügbar sein, davon befinden sich bereits zwei Drittel im Umlauf. Man geht davon aus, dass im Jahre 2033 diese Summe erreicht sein wird.[14]

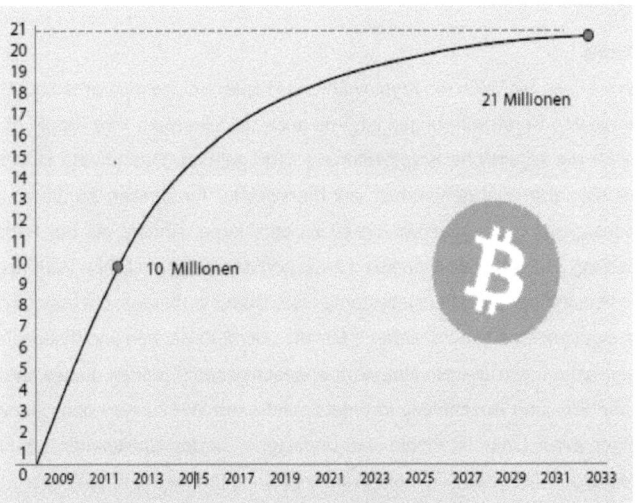

Abbildung 2: Entwicklung des Bitcoins[15]

[13] Vgl. Clement / Schreiber (2016) S. 329 ff.
[14] Vgl. Rosenberger (2018) S.7
[15] Abbildung 2, aus Clement / Schreiber (2016) S. 347

2.3.2. Ethereum

Die am zweithäufigsten genutzte Kryptowährung ist Ethereum, welche seit 2015 auf dem Markt ist. Entwickelt wurde diese von Vitalik Buterin, Gavin Wood und Jeffrey Wilcke. Ethereum basiert ebenfalls auf der Blockchain-Technologie, ist aber keine reine Kryptowährung, sondern ebenfalls eine Plattform für ‚Distributed Apps', oder kurz Dapps, die aus vielseitig anwendbaren Smart Contracts bestehen. Dies sind Computerprotokolle, die Verträge abbilden und überprüfen können oder die Vertragsabwicklung technisch unterstützen. Damit ist es möglich Programme und Dienstleistungen dezentral anzubieten und zu nutzen.[16]

Die Kryptowährung des Ethereum-Netzwerkes nennt sich Ether. Es ist aber auch möglich innerhalb des Ethereum weitere Kryptowährungen zu generieren. Während bei Bitcoin die Abwicklung einer Transaktion durchschnittlich zehn Minuten dauert, sind es bei Ethereum nur ca. zwölf Sekunden. Ein weiterer Unterschied zum Marktführer Bitcoin ist die maximale Anzahl an Währungseinheiten. Momentan befinden sich bereits 105 Millionen Ether[17] im Umlauf und mit jedem Mining werden fünf weitere Ether freigesetzt. Jährlich dürfen 18 Millionen Ether dazukommen. Ein Limit wie beim Bitcoin wurde aber nicht festgesetzt.[18]

2.3.3. Ripple

2011 gründete Jed McCaleb die Kryptowährung Ripple, welche momentan auf Platz drei der bekanntesten Kryptowährungen ist. Wie auch bei Ethereum wird Ripple oft wie ein Synonym für die eigentliche Kryptowährung XRP genutzt. Das private Unternehmen Ripple hat sich zum Ziel genommen, als Dienstleister für Banken zu dienen und die Transaktionskosten und –geschwindigkeit zu optimieren. Anders als der Bitcoin oder Ethereum dient XRP eher als Bindeglied zwischen den herkömmlichen Währungen. Sie wollen die verschiedenen Zahlungssysteme miteinander verbinden, um international den Überweisungsverkehr zu koordinieren.[19] Bereits über 200 Banken und Finanzdienstleister weltweit haben sich diesem Netzwerk angeschlossen.[20] Vorteil dieses Systems ist es, dass die Ein- und Auszahlung in unterschiedlichen Währungen ohne Zeitverzögerung erfolgen kann. Dafür ist Ripple eher ungeeignet für den Spekulationsmarkt, da mit über 41 Milliarden XRP deutlich mehr Währungseinheiten als bei Bitcoin oder Ethereum im Umlauf sind – es gibt daher ein Angebotsüberhang.[21] Dies ist aber auch vom Unternehmen gewollt, da die Transaktionskosten nur so niedrig gehalten werden können.

---

[16] Vgl. Ethereum, auf https://ethereum.org/, 13.02.2019 um 20:15 Uhr
[17] Vgl. Ethereum, auf https://coinmarketcap.com/, 28.02.2019 um 09:00 Uhr
[18] Vgl. Digitalwährungen: Bitcoin vs. Ethereum, das ist der größte Unterschied, auf https://www.finanzen.net/nachricht/devisen/digitalwaehrung-bitcoin-vs-ethereum-das-ist-der-groesste-unterschied-5653679, 28.02.2019 09:39
[19] Vgl. Rosenberger (2018) S. 57 f.
[20] Vgl. Ripple, auf https://ripple.com/, 01.02.2019 um 20:35 Uhr
[21] Vgl. XRP, auf https://coinmarketcap.com/, 28.02.2019 um 09:00 Uhr

Genau wie bei Bitcoin ist die Anzahl der XRP-Münzen nicht unendlich - Ripple hat ein Limit von 100 Milliarden festgelegt. Auch wenn man bei Ripple von einem dezentralen System spricht, kam in der Vergangenheit Kritik an dem Konzept auf, da über 60 % der Münzen vom Unternehmen selbst gehalten werden und nicht in den freien Umlauf kommen.[22]

Bitcoin   Ethereum   Ripple

Abbildung 3: Mögliche Darstellung von Kryptowährungen[23]

2.4. Aspekte der Sicherheit

Um eine Transaktion innerhalb der Blockchain freigeben zu können, werden kryptografische Methoden angewendet. Jeder Teilnehmer des Netzwerkes besitzt zwei Schlüssel, mit denen er die Transaktionen freigeben kann – einen privaten und einen öffentlichen. Bis auf wenige Ausnahmen ist der öffentliche Schlüssel für jeden Teilnehmer einsehbar und kann als digitale Identifikation, ähnlich der Kontonummer, verwendet werden.[24] Um die Anonymität der Teilnehmer im jederzeit einsehbaren Blockchain-Netzwerk zu gewährleisten, bestehen die öffentlichen Schlüssel der Teilnehmer aus einer langen Folge von Buchstaben und Zahlen.[25] Da jeder Schlüssel jedoch einem Teilnehmer zuordenbar ist, sollte eher von einer Pseudonymität gesprochen werden.[26] Um die Zusammenhänge zwischen Teilnehmer und Transaktion diffuser zu gestalten, können auch weitere „Benutzerkonten" angelegt werden, sodass einem Teilnehmer mehrere öffentliche Schlüssel zur Verfügung stehen.[27]

Der private Schüssel dient als digitale Signatur zur Absegnung der Transaktion, ähnlich dem PIN oder TAN beim Online-Banking. Er sollte im Wallet des Besitzers gut geschützt und verschlüsselt werden, damit Außenstehende nicht an diesen gelangen können. Das Wallet kann online oder offline genutzt werden. Viele Online-Dienste für Wallets haben aber große Sicherheitslücken. Es wird empfohlen, wie im echten Leben, nur kleine Summen darin aufzuwahren, um sich vor Diebstahl zu schützen. Eine Sicherungskopie

---

[22] Vgl. Rosenberger (2018) S. 58 f.
[23] Abbildung 3: auf: https://cdn.chimpify.net/5923441ba8587294228b4568/2017/11/Was_ist_Kryptow__hrung_Grafik-cb.png 27.02.2019 um 14:50 Uhr
[24] Vgl. BitFury Group / Garzik (2015) S. 6 f.
[25] Vgl. Koenig, Aaron A Beginners Guide to Bitcoin an Austrian Economics, 1. Auflage, München 2016, S. 120
[26] Vgl. Clement / Schreiber (2016) S. 336
[27] Vgl. You need to know, auf https://bitcoin.org/en/you-need-to-know, 01.02.2019 um 13:00 Uhr

des Wallets kann bei Computerausfällen und menschlichen Fehlern helfen, wenn sie regelmäßig auf externen Speichern wie USB-Sticks oder CDs gespeichert werden. Als Offline Wallet empfiehlt sich ein Hardware Wallet, das speziell für den Zweck gebaut wurde. Dort kann keine weitere Software installiert werden und Backups werden automatisch erstellt.[28]

Da Transaktionen mit Kryptowährungen unumkehrbar sind, sollte vor der Zahlung überprüft werden, ob der Handelspartner auch vertrauenswürdig ist und ob alle Angaben für die Transaktion korrekt eingeben wurden.[29]

Um die Datenbank nachhaltig vor Manipulationen zu schützen enthält jeder neue Block den Hashwert, also eine berechnete kryptografische Signatur, des vorherigen Blocks, sowie dessen Zeitstempel. Dies sorgt für eine Abhängigkeit der einzelnen Blöcke untereinander und schützt damit die Daten vor Veränderungen.[30] Aber auch wenn es bisher keine erfolgreichen Versuche gegeben hat, besteht die Möglichkeit, dass mit einer enormen Rechenleistung das System anzugreifen. Die Rechenleistung muss dabei mindestens 51 % der gesamten Rechenleistung im Blockchain-Netzwerk entsprechen. Ein solcher Angriff könnte dazu führen, dass die Kryptowährungen doppelt oder mehrfach ausgegeben werden. Da es keine zentrale Partei in einer Blockchain gibt, fehlt es im Falle eines Sicherheitslecks an einem Ansprechpartner oder Administrator an den man sich wenden kann.[31]

3. Chancen und Risiken von Kryptowährungen

3.1. Chancen

Kryptowährungen haben den Vorteil, dass sie international gehandelt und getauscht werden können. Die Transaktionskosten sind verglichen mit denen einer traditionellen Buchung, deutlich geringer und bleiben egal wie groß der zu buchende Betrag ist immer gleich. Außerdem ist die Geschwindigkeit der Transaktion deutlich höher. Unternehmen sind vor Rückbuchungen der Kunden geschützt, da Rückbuchungen mit Kryptowährungen nicht möglich sind – dadurch sinken die Nachbearbeitungskosten in Betrugsfällen. Außerdem fallen die umfassenden Sicherheitsüberprüfungen, die zum Beispiel Kreditkarteninstitute vor einer Transaktion anfordern, weg. Es stehen weniger sensible Informationen zur Verfügung, die verarbeitet und geschützt werden müssen.

---

[28] Vgl. Secure your Wallet, auf https://bitcoin.org/en/secure-your-wallet, 01.02.2019 um 13:15 Uhr
[29] Vgl. Bitcoin.org (You need to know) 01.02.2019 um 13:00 Uhr
[30] Vgl. Roßbach (2016) S. 8 f.
[31] Vgl. Clement / Schreiber (2016) S. 336

Für digitale Geldbestände mit mehreren Anteilseignern können Multisignaturen einge-
richtet werden, um Zahlungen nur mit Zustimmung aller oder der Mehrheit durchzuführen.[32]

Durch die Dezentralität der Kryptowährungen sind die Blockchain-Netzwerke besser gegen Angriffe geschützt, als die Zentralbanken. Das Netzwerk besteht aus hunderttau-
send Rechnern, die auf der ganzen Welt befinden – das macht den Einsatz eines Ser-
vers, der sensibel für Angriffe wäre, überflüssig. Mit jedem neuen Teilnehmer in der
Blockchain steigt die Sicherheit an.[33]

3.2. Risiken

Viele Kryptowährungen unterliegen starken Wertschwankungen, was unter anderem an
dem begrenzten Angebot liegt. Traditionelle Währungen könnten hingegen von den Re-
gierungen beeinflusst werden, um zum Beispiel Inflationen auszugleichen. Dadurch dass
die Kryptowährungen dezentralisiert sind, gibt es keine zentrale Instanz, die regulierend
eingreifen kann. Massive Änderungen im Wechselkurs können mitunter innerhalb von
wenigen Sekunden auftreten. Wie beispielsweise, als bekannt wurde, dass Bitcoins für
illegale Drogendeals genutzt werden. Besonders, da Kryptowährungen für illegalen Handel eingesetzt wird, kann man nicht absehen, ob sie in absehbarer Zeit staatlich reguliert
oder eingeschränkt werden.[34] In Russland, Vietnam, Bolivien und einigen anderen Staa-
ten sind Kryptowährungen bereits für illegal erklärt worden. Durch einen solchen Wegfall
von möglichen Handelspartnern wird die hohe Volatilität ebenfalls begründet.[35]

Käufer tragen in Geschäften mit digitalen Währungen ein deutlich höheres Risiko, da alle
Transaktionen unumkehrbar sind. Darum ist ein deutlich stärkeres Vertrauen in den Handelspartner notwendig. Bewertungssysteme und Rezensionen, welche nachweislich
fälschbar sind, spielen eine wichtigere Rolle in der Auswahl der Geschäfte. Bisher ist
eine vollkommene Etablierung im Markt noch nicht erfolgt, denn es hat sich nur ein klei-
ner Teil der Bevölkerung mit dem Thema überhaupt auseinander gesetzt. Sollten sich
aber alle Menschen dafür entscheiden, kann es bei Kryptowährungen mit limitierten
Währungseinheiten zur Deflation kommen.[36]

Da sich die privaten Wallets normalerweise ohne weitere Sicherheitsvorkehrungen auf
einem Computer, Datenträger oder Smartphone befinden, sind sie häufig nicht gegen
Diebstahl oder Manipulation geschützt. Da es keine zentrale Instanz oder gesetzliche

---

[32] Vgl. Bitcoin für Unternehmen, auf https://bitcoin.org/de/bitcoin-fuer-unternehmen, 01.02.2019 um 13:30 Uhr
[33] Vgl. Rosenberger (2018) S. 109
[34] Vgl. Kerscher, Daniel: Bitcoin: Funktionsweise, Risiken und Chancen der digitalen Währung, 2. Auflag, Dingolfing
2014, S. 100 ff.
[35] Vgl. Halaburda / Sarvary (2016) S. 99
[36] Vgl. Kerscher (2014), S. 125 ff.

Einlagensicherung gibt, können die Teilnehmer keinen Schadensersatz erhalten. Auch durch Hardwarefehler oder Hackerangriffe können Einzelpersonen ihr gesamtes Guthaben verlieren.[37]

3.3. Verbreitungsmöglichkeiten

Bitcoin, Ethereum und die anderen digitalen Währungen werden inzwischen in immer mehr B2C-Geschäfte akzeptiert.[38] Weltweit gibt es bereits über 5.000 Akzeptanzstellen für Kryptowährungen. Bekannte teilnehmende Unternehmen sind zum Beispiel Microsoft, Lieferando, Wikipedia und Greenpeace. Vor allem in Großstädten kann immer häufiger auch mit Kryptowährungen bezahlt werden, da Cafés und Geschäfte hier zuerst auf den Zug aufgesprungen sind.[39]

Um tatsächlich im Geschäft mit Kryptowährungen zahlen zu können wird ein Smartphone und ein Smartphone Wallet benötigt. Zum Zahlen muss ein QR-Code mit der Wallet-App des Smartphones eingescannt werden. Dabei kann es sich zum Beispiel um einen allgemeinen QR-Code handeln, der den Zahlungsmodus öffnet, wo ein Betrag eingegeben werden kann. Diese allgemeinen QR-Codes sind meist öffentlich im Kassenbereich des Geschäfts einsehbar. Eine zweite Möglichkeit ist, dass der Händler einen dynamischen QR-Code generiert und diesen über ein Tablet oder Display an den Kunden weiterreicht. In dem dynamischen QR-Code sind bereits genaue zu zahlende Beträge hinterlegt, die vom Smartphone übernommen werden. Um den Betrag zu bestätigen und die Transaktion durchzuführen, muss zum Schluss auf „Senden" gedrückt werden.[40]

Eine andere Möglichkeit Kryptowährungen zur Bezahlung zu nutzen, ist über eine spezielle Visa Debit Karte, wie beispielsweise von bitpay. Diese Debit Karte kann mit Bitcoins aufgeladen werden und dann an allen Visa Debit Karten-Akzeptanzstellen zum Zahlen genutzt werden. Der Vorteil für Unternehmen ist hier, dass sie selbst keine Bitcoins oder Wallets für die Transaktion benötigen, da es aus ihrer Sicht wie eine normale Bezahlung abläuft. Verbrauchern dagegen ermöglicht es ein größeres Spektrum an Geschäften zu nutzen.[41]

In Online Shops ist die Bezahlung mit Kryptowährung ähnlich simpel, wie per Smartphone. Eine Option ist, dass im Online-Kassenbereich eine Adresse eingeblendet wird, die in das Wallet des Zahlenden übertragen werden kann. Teilweise werden aber auch

---

[37] Vgl. Kerscher (2014), S. 97 ff.
[38] Vgl. Clement / Schreiber (2016) S. 337
[39] Vgl. Hier könnt ihr in Deutschland mit Bitcoin bezahlen mit Liste, auf https://www.giga.de/downloads/bitcoin/specials/hier-koennt-ihr-in-deutschland-mit-bitcoin-bezahlen-mit-liste/, 28.02.2019 um 20:45 Uhr
[40] Vgl. Bitcoins bezahlen, auf http://bitcoins21.com/bitcoins-bezahlen/ 04.03.2019 um 20:44 Uhr
[41] Vgl. Bitpay, auf https://bitpay.com/card/ 04.03.2019 um 21:08 Uhr

Links angeboten, die die Adresse automatisch in das Wallet senden. Oder es werden ebenfalls QR-Codes verwendet.[42]

Momentan kann keine der genannten Kryptowährungen flächendeckend eingesetzt werden, da durch die teilweise geringe Kapazität der Währungseinheiten nicht das große Handelsvolumen abgedeckt werden kann, welches im normalen Handel entsteht. Die Zukunftsfähigkeit von Kryptowährungen wie Bitcoin wird aber auch im Angesicht der enormen erforderlichen Rechenleistung angezweifelt. Man geht davon aus, dass Bitcoin bereits heute mit etwa 46 Terawattstunden mindestens die Stromerzeugung von vier Atomkraftwerken verbraucht. Für die Umwelt ist die eine deutliche Belastung.[43]

4. Schlussbetrachtung

4.1. Zusammenfassung

Digitale Währungssysteme überwinden viele Schwächen von klassischen Währungen, denn sie versprechen einem Anonymität, Schnelligkeit und geringe Kosten. Aber wegen der schlechten Wertsicherung der Kryptowährungen werden teilweise die Anforderungen, die an ein Geldsystem gestellt werden, nicht erfüllt. Eine vollkommene Anonymität kann ebenfalls nicht garantiert werden. Und das Mining-System sorgt innerhalb der Blockchain für einen Verlust der Gleichberechtigung der Nutzer. Da es im Moment nur wenige Anwendungsmöglichkeiten gibt, werden Kryptowährungen, ähnlich wie Gold, zum größten Teil als Wertanlage oder Spekulationsobjekte, statt für den B2C-Handel genutzt.

4.2. Fazit

Grundsätzlich lässt sich die Frage, ob sich eine digitale Währung auch für die alltäglichen Geschäfte in Deutschland eignen würde, unter folgenden Gesichtspunkten beantworten: Bitcoins werden in einigen Geschäften bereits akzeptiert und durch die Option auch mit einer Visa Debit Karte zu zahlen, steigern sich die Möglichkeiten. Ether und XRP können ebenfalls in wenigen Geschäften genutzt werden, die Bekanntheit steht aber zu Bitcoin noch stark zurück. Die meisten Sicherheitsaspekte werden durch die Wallets und Peer-to-Peer-Netzwerke abgedeckt, doch ohne gute technische Ausrüstung sind Privatpersonen weiterhin angreifbar. Im Vergleich zum bargeldlosen Bezahlen profitieren Verbraucher und Unternehmen von der hohen Geschwindigkeit der Transaktionen. Durch die starken Wertschwankungen der Kryptowährungen ist eine längere Aufbewahrung der Währung, jedoch nicht empfehlenswert. Ausschlaggebend für die Antwort zur Leitfrage sind aber auch die negativen Aspekte, dass die Kryptowährungen momentan noch nicht

---

[42] Vgl. Bitcoins bezahlen, auf http://bitcoins21.com/bitcoins-bezahlen/ 04.03.2019 um 20:44 Uhr
[43] Vgl. Rosenberger (2018) S. 139

genug Handelsvolumen für die breite Masse mitbringen und dass die Technik einen gro-
ßen Einfluss auf die Umwelt hat. Die überwiegend nachteiligen Aspekte führen zu dem
Ergebnis, dass sich Kryptowährungen nicht für die alltäglichen Geschäfte in Deutschland
eignen würden.

4.3. Ausblick

Umfragen zeigen, dass das Konzept der Kryptowährungen vielen Verbrauchern noch
relativ unbekannt ist. Eine Währung kann sich aber nur dauerhaft etablieren, wenn sie
von der Mehrheit akzeptiert und verstanden wird. Ob sich Kryptowährungen tatsächlich
durchsetzen ist noch unklar, aber damit dies geschieht muss zuerst Vertrauen in diese
geschaffen werden. Die Verbreitung in den Geschäften muss steigen und es muss genug Menschen geben, die mutig genug sind, Kryptowährungen zu benutzen. Unternehmen wie Samsung steigen auf diesen Zug bereits jetzt schon auf, mit vorinstallierten
Apps und Wallets für Bitcoins und Ether, um ihren Kunden einen leichteren Zugang zu
den Kryptowährungen zugeben. Auch Produzenten für Smart-TVs und Autos entwickeln
momentan Konzepte für die Integrierung von Kryptowährung in Ihre internetfähigen Pro-
dukte. Ob dies für eine Revolutionierung auf dem Geldmarkt führen wird bleibt abzuwar-
ten.

Quellen- und Literaturverzeichnis

Abbildung 1, auf: https://innovationsblog.dzbank.de/wp-content/uploads/2017/09/block-chain1.png, 16.02.2019 um 16:40 Uhr

Abbildung 2, aus Clement / Schreiber (2016) S. 347

Abbildung 3:, auf: https://cdn.chim-pify.net/5923441ba8587294228b4568/2017/11/Was_ist_Kryptow__hrung_Grafik-cb.png 27.02.2019 um 14:50 Uhr

Bitcoins bezahlen, auf http://bitcoins21.com/bitcoins-bezahlen/, 04.03.2019 um 20:44 Uhr

Bitcoin für Unternehmen, auf https://bitcoin.org/de/bitcoin-fuer-unternehmen, 01.02.2019 um 13:30 Uhr

BitFury Group / Garzik, Jeff: Public versus Private Blockchains. Part 1: Permissioned Blockchains, 1. Auflage, o. O. 2015

Bitpay, auf https://bitpay.com/card/ 04.03.2019 um 21:08 Uhr

Clement, Reiner / Schreiber, Dirk: Internet-Ökonomie. Grundlagen und Fallbeispiele der vernetzten Wirtschaft, 3. Auflage, Heidelberg 2016

Digitalwährungen: Bitcoin vs Ethereum, das ist der größte Unterschied, auf https://www.finanzen.net/nachricht/devisen/digitalwaehrung-bitcoin-vs-ethereum-das-ist-der-groesste-unterschied-5653679, 28.02.2019 09:39

Ethereum, auf https://coinmarketcap.com/, 28.02.2019 um 09:00 Uhr

Ethereum, auf https://ethereum.org/, 13.02.2019 um 20:15 Uhr

Halaburda, Hanna / Sarvary, Miklos: Beyond Bitcoin. The Economics of Digital Currencies, 1. Auflage, London 2016

Hier könnt ihr in Deutschland mit Bitcoin bezahlen mit Liste, auf https://www.giga.de/downloads/bitcoin/specials/hier-koennt-ihr-in-deutschland-mit-bitcoin-bezahlen-mit-liste/, 28.02.2019 um 20:45 Uhr

Kerscher, Daniel: Bitcoin: Funktionsweise, Risiken und Chancen der digitalen Währung, 2. Auflag, Dingolfing 2014

Koenig, Aaron A Beginners Guide to Bitcoin an Austrian Economics, 1. Auflage, München 2016

Nakamoto, Satoshi: Bitcoin. A Peer-to-Peer Electronic Cash System, 1. Auflage, o. O. 2008

Peyrl, Reingard: Digitale Währungen - Zahlungsmittel der Zukunft?, 1. Auflage, Linz 2015

Ripple, auf https://ripple.com/, 01.02.2019 um 20:35 Uhr

Rosenberger, Patrick: Bitcoin und Blockchain. Vom Scheitern einer Ideologie und dem Erfolg einer revolutionären Technik, 1. Auflage, Münster 2018

Roßbach, Peter: Blockchain-Technologien und ihre Implikationen - Teil 1: Was verbirgt sich hinter der Blockchain-Technologie?, 1. Auflage, o. O. 2016

Secure your Wallet, auf https://bitcoin.org/en/secure-your-wallet, 01.02.2019 um 13:15 Uhr

Swanson, Tim: Consensus-as-a-service: a brief report on the emergence of permissioned, distributed ledger systems, 1. Auflage, o. O. 2015

You need to know, auf https://bitcoin.org/en/you-need-to-know, 01.02.2019 um 13:00 Uhr

BEI GRIN MACHT SICH IHR
WISSEN BEZAHLT

- Wir veröffentlichen Ihre Hausarbeit,
  Bachelor- und Masterarbeit

- Ihr eigenes eBook und Buch -
  weltweit in allen wichtigen Shops

- Verdienen Sie an jedem Verkauf

Jetzt bei www.GRIN.com hochladen
und kostenlos publizieren